BEI GRIN MACHT SICH IHP WISSEN BEZAHLT

- Wir veröffentlichen Ihre Hausarbeit,
  Bachelor- und Masterarbeit

- Ihr eigenes eBook und Buch -
  weltweit in allen wichtigen Shops

- Verdienen Sie an jedem Verkauf

Jetzt bei www.GRIN.com hochladen und kostenlos publizieren

Sandra Eichhorn

Wertewandel in Beziehungen

Wie haben sich Partnerschaften in den letzten Jahrzehnten entwickelt und in wohin tendiert die Entwicklung zukünftig?

GRIN Verlag

Bibliografische Information der Deutschen Nationalbibliothek:

Die Deutsche Bibliothek verzeichnet diese Publikation in der Deutschen National-
bibliografie; detaillierte bibliografische Daten sind im Internet über http://dnb.d-
nb.de/ abrufbar.

Impressum:

Copyright © 2010 GRIN Verlag, Open Publishing GmbH
Druck und Bindung: Books on Demand GmbH, Norderstedt Germany
ISBN: 978-3-640-80366-8

Dieses Buch bei GRIN:

http://www.grin.com/de/e-book/163478/wertewandel-in-beziehungen

GRIN - Your knowledge has value

Der GRIN Verlag publiziert seit 1998 wissenschaftliche Arbeiten von Studenten, Hochschullehrern und anderen Akademikern als eBook und gedrucktes Buch. Die Verlagswebsite www.grin.com ist die ideale Plattform zur Veröffentlichung von Hausarbeiten, Abschlussarbeiten, wissenschaftlichen Aufsätzen, Dissertationen und Fachbüchern.

Besuchen Sie uns im Internet:

http://www.grin.com/

http://www.facebook.com/grincom

http://www.twitter.com/grin_com

Schriftliche Ausarbeitung

Veranstaltung: Theorie und Empirie sozialstrukturellen
Wandels

Sommersemester 2010

Autorin: Sandra Eichhorn

Semester: 2

„Skizzieren Sie den Wertewandel vom Beginn des 20. Jahrhunderts
bis zur Gegenwart – und wagen Sie eine Prognose bis 2050.
Ziehen Sie für Ihre Ausführungen sowohl Primärquellen
als auch geeignete Daten heran."

Im Folgenden werde ich mich mit dem Wertewandel von 1900 bis zur Gegenwart beschäftigen und dann eine Zukunftsprognose bis 2050 skizzieren. Hierbei habe ich mich auf einen bestimmten Themenbereich beschränkt, da es viele Wertebereiche gibt, die man in diesem Umfang nicht alle berücksichtigen kann.

Deswegen habe ich den Fokus auf Wertewandel in Partnerschaften und Familien gelegt, da ich der Meinung bin, dass es gerade auf diesem Gebiet viele Veränderungen in den vergangenen Jahrzehnten gab.

Ich werde mich in dieser Ausarbeitung mit der Frage beschäftigen, ob Beziehungen heutzutage immer schwieriger zu realisieren sind, da der feste Ablauf einer Partnerschaft, wie er früher einmal war, nicht mehr gegeben ist und andere Lebensbereiche in den Mittelpunkt gerückt sind.

Meine These ist also, dass den Menschen dadurch die Orientierung fehlt, und niemand mehr weiß, welche Möglichkeit für einen selbst die Richtige ist, was Partnerschaften heutzutage zu einer richtigen Herausforderung macht.

Um aber die heutigen Normen verstehen zu können, muss man sich erst einmal bewusst machen, wie es zum Wertewandel kam.

Der Ursprung ist beim Übergang von der Modernisierung zur Postmodernisierung zu finden.

Die Modernisierung beschränkte sich größtenteils auf Ökonomie, also auf Industrialisierung.

Das Ziel der Familien war es, den Wohlstand zu steigern, so dass das tägliche Überleben gesichert war. Es ging nicht um persönliche Vorlieben und Zuneigung, sondern Familien waren eine wirtschaftliche Gemeinschaft. (Inglehart 1998: S.448f.).

Beim Übergang zur Postmodernisierung rückten dann der individuelle Lebensstil und die Lebensqualität in den Vordergrund, da die Hauptaufgabe der Akteure nicht mehr darin bestand, ihr Überleben zu sichern.

Dieses Gefühl von Sicherheit und der Selbstverständlichkeit des Überlebens führte dazu, dass das subjektive Wohlempfinden nicht mehr von genügend Nahrung und einem Dach über dem Kopf abhing, sondern von anderen Werten, man fokusierte sich auf postmaterialistische Werte.

Auf diesen Wandel von unsicherem zu sicherem Überleben ist also der Wandel von Modernisierung zu Postmodernisierung und der Übergang von materialistischen zu postmaterialistischen Werten zurückzuführen, denn plötzlich wird über den Sinn und die Bedeutung des Lebens nachgedacht, was die Gedanken über die persönliche

Existenzsicherung ablöst (ebd. S.450-454).

Während wirtschaftliche Konflikte in der Vergangenheit noch unglaublich dominant waren, verlieren sie immer mehr an Bedeutung und werden von postmodernen Themen abgelöst wie beispielsweise Umweltschutz, ethnische Konflikte, Abtreibung etc. (ebd. S.457).

Natürlich vollzog sich genau dieser Wandel auch in Partnerschaften.

Ein Indikator für Beziehungen sind Haushaltsgrößen. Schon vor 11 Jahren waren in Großstädten knapp die Hälfte aller Haushalte Ein-Personen-Haushalte. Das ist eine große Veränderung, wenn man bedenkt, dass die durchschnittliche Haushaltsgröße um die Jahrhundertwende bei 4,5 Personen lag (Heiderich/Rohr 1999: S. 23f).

Eine Erklärung für dieses Phänomen geben Ulrich Beck und Elisabeth Beck-Gernsheim in ihrem Buch „Das ganz normale Chaos der Liebe" (1990).

Sie beleuchten die Funktion einer Ehe um 1900. Damals gab es keine Ehen im heutigen Sinne, sondern viel eher die schon erwähnten Wirtschaftsgemeinschaften.

Außerdem teilte sich nicht ein Ehepaar eine Wohnung, sondern ein solches ökonomisches Arrangement zeichnete sich aus durch viele Generationen in einem Haushalt und die Sicherung der weiteren Generationenabfolge.

Als die Existenzsicherung dann nicht mehr im Mittelpunkt stand und sich der Übergang zur postmodernen Gesellschaft vollzog, veränderte sich diese Form der Ehe immer mehr zu einer Gefühlsgemeinschaft. Es ging nicht mehr um das tägliche Überleben, sondern um persönliche Neigungen und Intimität (Beck/Beck-Gernsheim 1990: S. 68 f).

Diese neue Form von Familie gewann immer mehr an Bedeutung, und zwar die der „bürgerlichen Familie", welcher ich mich jetzt zuwenden werde. Diese zeichnete sich natürlich auch durch Ehe und Kinder aus. Allerdings kam nun auch eine „Akzeptanz der Kinder als Persönlichkeiten" hinzu (Huinink/Schröder 2008: S. 90). Das bedeutet, das Kinder nicht mehr als Arbeitskräfte und Altersvorsorge angesehen wurden, sondern sie wurden als eigenständige Individuen angesehen. Das führte dazu, dass die Eltern zu ihren Kindern eine intimere Bindung aufbauen und sie individuell fördern konnten. Außerdem zeichnete sich die bürgerliche Familie durch eine klare Rollenteilung aus. Die Frau kümmerte sich um den Haushalt und zog die Kinder groß, während der Mann außerhalb des Haushaltes arbeiten ging und für das nötige Geld sorgte. Diese Familienform fand ihr Ende in den 50er Jahren.

In den 60er Jahren gab es dann einen erneuten Wandel. Plötzlich wurde Sex unabhängig von Ehe vollzogen und Ehe war auch keine Voraussetzung mehr für das Kinderkriegen. Auch die Zahl der nichtehelichen Lebensgemeinschaften nahm immer mehr zu. Das Durchschnittsalter für das Kinderkriegen stieg an auf 27 Jahre und die Kinderzahlen fielen unter das Reproduktionsniveau. Sogar das Heiraten wurde immer weiter nach hinten verschoben. Außerdem konnte man einen starken Rückgang der klaren Rollenteilung beobachten. Da auch die Frauen die Möglichkeit bekamen, berufstätig zu sein und Karriere zu machen, gab es plötzlich auch Formen des Zusammenlebens, in denen die Frau arbeiten ging und der Mann für Kinder und Haushalt zuständig war (ebd. S. 89ff).

Diese Möglichkeit, die Rollen in einer Partnerschaft frei einzuteilen brachte natürlich auch einen Verlust an innerer Stabilität mit sich:

Durch die Modernisierung wird der Akteur von den traditionellen Gegebenheiten entwurzelt, was die ersten Schritte der Individualisierung einleitet. Das bedeutet, dass die Menschen nun in der Lage sind, ein eigenes Leben, jenseits von Gruppenzugehörigkeiten, aufzubauen. Zwar beinhaltet das eine Befreiung von äußeren Zwängen, aber auch eine plötzlich auftretende Haltlosigkeit, den Menschen fehlt plötzlich die Orientierung (ebd. S. 66f).

Die Tatsache, dass Beziehungsbücher mittlerweile fast einen Bestsellerstatus erreichen, beweist, dass Menschen noch nie so verloren im Umgang mit ihren Lebenspartnern (oder wie man heute sagt: „Lebensabschnittspartner") waren als heute (Dean C. Delis/Cassandra Phillips 2009: S.18).

Durch die unzähligen Möglichkeiten, eine Beziehung zu führen, wird Überforderung immer deutlicher spürbar. Wahrscheinlich wird man in kaum einem anderem Lebensaspekt mit so vielen Entscheidungen konfrontiert. Man kann offene und geschlossene Beziehungen führen, heiraten oder in „wilder Ehe" leben, Kinder kriegen oder eben kinderlos bleiben. Gemeinsame Entscheidungen treffen muss man schon beim Urlaubsziel oder bei der gemeinsamen Wohnungseinrichtung. Das Streitpotential in einer Partnerschaft steigt also mit der Komplexität der Entscheidungsfelder (Beck/Beck-Gernsheim 1990: S. 73f).

Da muss berechtigterweise die Frage gestellt werden, ob in Zeiten der Individualisierung noch Platz für so viele gemeinsame Entscheidungen ist, oder ob ein Partner nicht zum Störfaktor wird, der die eigene Selbstverwirklichung verzögert oder sogar verhindert, wodurch die Individualisierung zum Kampf um persönliche Freiräume führt.

Auch in Beziehungsratgebern wird immer mehr dazu geraten, sich voneinander abzugrenzen und trotz Beziehung weiterhin ein eigenes, autonomes Leben zu führen.

Das bedeutet, dass für Männer so wie für Frauen die berufliche Erfüllung mehr in den Vordergrund rückt, vor allem Frauen definieren sich immer öfter durch ihre Karriere und immer weniger durch Familie.

Allerdings besteht so das Risiko, dass wir in eine postromantische Welt rutschen, in der die alte Vorstellung von „ein Herz und eine Seele sein" keinen Platz mehr findet (ebd. S. 75-77).

Ich finde, dass das eine durchaus sinnvolle These ist. Bei den vielen neuen Möglichkeiten, die den Menschen heutzutage geboten werden, fällt es immer schwerer, auch noch etwas Platz für eine Partnerschaft einzuräumen. Man wird nicht mehr oft gezwungen, Kompromisse einzugehen, nichts ist mehr vorgegeben und man muss sich mit fast nichts mehr zufrieden geben, was man nicht definitiv will. Abgesehen von Beziehungen (Heiderich/Rohr 1999: S.35).

Umso schwerer wird es also meiner Meinung nach, die verlernte Kompromissbereitschaft in Beziehungen wieder aufleben zu lassen, was man natürlich auch an den Scheidungsraten sieht. Die Scheidungsrate pro 1000 Einwohner ist von zwei Scheidungen im Jahr 1950 auf 2,3 im Jahre 2006 angestiegen. Parallel dazu sind die Eheschließungen von 11 pro 1000 Einwohner im Jahre 1950 auf 4,5 im Jahre 2006 gefallen (Huinink/Schröder 2008: S. 84).

Das zeigt eindeutig, dass die Möglichkeit, seinen Partner nach persönlichen Vorlieben und ohne äußere Einflusse auswählen zu können, Ehen keineswegs solider macht. Obwohl man heute eine Ehe durch unverheiratetes Zusammenleben erst einmal testen kann, bevor man sich komplett darauf einlässt, nutzt all die Übung nichts, wie man an den vielen Trennungen und der Zahl der Alleinerziehenden sehen kann (im Jahr 2006 gab es in Deutschland 2,7 Millionen allein erziehende Elternteile, von denen 61% minderjährige Kinder hatten) (destatis.de 2008).

Trotzdem wird von Beziehungsberatern immer mehr dazu geraten, sich Freiräume zu schaffen. Eine Partnerschaft soll von zwei voneinander unabhängigen Menschen geführt werden.

Angeblich distanziert sich ein Partner automatisch, sobald er sich von dem Anderen eingeengt fühlt (Delis/Phillips 2009: S.18). Das ist ein Teufelskreis und eindeutig ein Argument für die scheinbar so wichtigen Freiräume. Es bedeutet, dass sich Partner keinesfalls gegenseitig eingrenzen sollten und beide ihre eigene Autonomie wahren sollten, da sie andernfalls ihre Beziehung zerstören. So eine Ansicht wäre vor 100 Jahren noch gar nicht denkbar gewesen. Damals ging es um Zusammenarbeit und nicht um individuelle Freiräume.

Andererseits gibt es aber auch die These, dass in diesen modernen, schnellen und unsicheren Zeiten Liebe und Partnerschaft immer mehr an Bedeutung gewinnen. Die Moderne bringt nämlich auch eine innere Heimatlosigkeit mit sich und Familie übernimmt die Funktion als „Hafen in einer fremd gewordenen und unwirtlichen Welt" (Beck/Beck-Gernsheim 1990: S. 70). Das bedeutet, dass man versucht, die Stabilität, die man in unserer sich schnell verändernden Welt vermisst, in Partnerschaften zu finden (ebd. S.70).

Ich finde, dass diese beiden Thesen, zum einem die, dass in einer individualisierten Welt kein Platz mehr für Beziehungen ist, und zum anderen die, dass man in einer haltlosen Realität Stabilität in Paarbeziehungen sucht, recht widersprüchlich sind. Ich denke, dass das ein Ansatz ist, die hohe Scheidungsrate zu erklären. Einerseits erwartet man sehr viel von seinem Lebenspartner und sucht die sonst fehlende Stabilität, andererseits ist man nicht bereit, auf den anderen einzugehen und Kompromisse zu schließen. Das bedeutet, dass die Erwartungen höher denn je sind, dafür aber das eigene Potential, dass man in eine Beziehung fließen lassen möchte, immer weniger wird.

Umso wichtiger wird die Frage, wie man diese Problematik umgehen kann. Allerdings werden einem mittlerweile unzählige Möglichkeiten geboten, einen Mittelweg zu finden, die um die Jahrhundertwende noch gar nicht denkbar gewesen wären. Dazu gehören beispielsweise LAT-Beziehungen, Patchworkfamilien, Affären und alles was zwischen One-Night-Stands und Ehen liegt. Es gibt fast keine Form von Zusammensein, die heutzutage gesellschaftlich noch nicht anerkannt ist (Huinink/Schröder 2008: S.84).

Auch Sex ist nicht mehr nur ein geheimer und privater Akt, der nur von Ehepartnern vollzogen wird, sondern das Thema ist stark ins öffentliche Interesse gerückt. Noch in den 60er Jahren schockierte Oswald Kolle mit seinen Aufklärungsfilmen, die heute nicht mehr das geringste Aufsehen erregen würden.

Mittlerweile sind die Rollen von Mann und Frau nahezu austauschbar, es wird nicht mehr generell vom Mann erwartet, die Initiative zu ergreifen. Dadurch wird der Mann „entmännlicht" und die Frau „entweiblicht" .

Auch das Intimleben ist nun keine Privatsache mehr, nie war diese Thematik von so großem öffentlichen Interesse (Heiderich/Rohr 1999: S. 83ff). Sex-Themen im Fernsehen bringen die höchsten Einschaltquoten, was die Fernsehsender dazu veranlasst, immer mehr Privates öffentlich im Fernsehen zu zeigen. Auf diese Art treten immer mehr Subkulturen wie Sadomasochisten oder Sodomisten aus ihrem Schattendasein (ebd. S. 92). Diese Entwicklung fordert allerdings enorme Toleranz, die viele nicht aufbringen können und sich eher überfordert fühlen, da viele nicht andauernd mit sexuellen Tabus konfrontiert werden möchten (ebd. S. 83).

Ein enormer Wandel ist in diesem Fall auch in dem Umgang mit der eigenen Sexualität zu beobachten. Während ältere Generationen noch Angst hatten, sie könnten als pervers gelten, haben heutige Generationen eher Angst, zu verklemmt zu sein und den Ansprüchen der modernen Welt nicht zu entsprechen. Im Jahr 1999 empfanden sogar ganze 20% der Jungen zwischen 15 und 19 ein 18-jähriges Mädchen als verklemmt, das noch keinerlei sexuelle Erfahrung hat (ebd. S. 98). Soviel öffentlich gemachtes Intimleben übt einen gesellschaftlichen Zwang zur Toleranz auf die Menschen aus, den viele als überfordernd empfinden (ebd. S. 95).

Zusammenfassend kann man nun sagen, dass ein großer Wertewandel stattgefunden hat. In nahezu allen Bereichen die etwas mit Partnerschaften zutun haben, gab es massive Veränderungen.

Es gab einen Wandel von der vormodernen Familienform, in der es um wirtschaftliche Absicherung ging zu der Form der bürgerlichen Familie, in denen zwar traditionelle Rollen eingehalten wurden, der Arbeitsplatz des Mannes allerdings vom Haushalt getrennt war und man sich seinen Partner frei nach Zuneigung aussuchen konnte. Der letzte Wandel führt zu der heute gängigen Familienform, in der Kinder keinen ökonomischen Nutzen mehr haben, sondern zum Luxus geworden sind und in der es keine klar definierten Geschlechterrollen mehr gibt. Es gibt jede erdenkliche Art des Zusammenlebens, viele Paare haben keine Kinder oder leben nicht einmal zusammen.

Die Problematik liegt in der Paradoxie der Individualisierung. Obwohl den Menschen stabile Partnerschaften immer wichtiger werden (im Jahr 2003 stuften 64% der Befragten sie als „sehr wichtig" ein) (Huinink/Schröder 2008: S. 92), sind viele einfach nicht mehr bereit, sich in ihrer Individualität einschränken zu lassen und Kompromisse einzugehen. Das führt zu vielen Formen des Zusammenlebens, die an den individuellen Lebensstil angepasst werden können. Ein weiterer Teilaspekt, der früher nur in Ehen anerkannt war, ist das Sexleben. Hier gibt es kaum noch Tabuthemen und Sexualität ist mittlerweile fast vollkommen von der Ehe abgekoppelt.

Nach dieser Ausführung möchte ich nun eine Zukunftsprognose wagen, und darlegen, in welche Richtung sich Partnerschaft und Familie in Zukunft entwickeln könnte.

Auf Grund der steigenden Scheidungsrate und des Geburtenrückgangs blicke ich eher negativ gestimmt in die Zukunft. Ich denke, dass es immer schwieriger werden wird, stabile Partnerschaften zu führen.

Gerade durch die Rezession verlieren immer mehr Menschen ihre Arbeitsstelle, und um eine neue zu finden, wird immer mehr Flexibilität gefordert. Das bedeutet, dass eine berufliche Neuorientierung oder Umzüge zur Regel werden. Außerdem werden auch die Aufstiegschancen für Frauen immer besser, wodurch immer mehr emanzipierte Frauen sich durch ihre Karriere definieren und nicht mehr durch Familie und Kinder. Da im Moment viel Arbeit in die Verbesserung für Kinderbetreuungsmöglichkeiten investiert wird, werden immer mehr Frauen noch mehr arbeiten als jetzt schon. Dazu kommt, dass die Mutterrolle sich immer mehr verändert. Die Mutter-Kind Beziehung wird weniger intim sein und die Mütter werden die Erziehung zunehmend an Fachleute wie Erzieher und Lehrer delegieren, da die Karriere immer mehr in den Vordergrund rückt. Außerdem werden viele junge Paare durch die wirtschaftliche Unsicherheit den Heirats- und den Kinderwunsch immer weiter herausschieben. Viele werden am Ende womöglich gar keine Kinder mehr bekommen, weil sie sich schon zu alt fühlen oder sogar infertil sind. Es wird immer schwieriger werden, Privates und Berufliches unter einen Hut zu bekommen. Das wird wahrscheinlich zu sehr viel „Living apart together"-Beziehungen führen. Das bedeutet aber auch, dass Lebenspartner immer weniger Zeit haben, die sie in ihre Partnerschaft investieren können. Wenn beide erwerbstätig sind, wird es immer schwieriger, Zeit für gemeinsame Freizeitaktivitäten zu finden, was zu Entfremdung und Stress führt. Dadurch werden Partnerschaften und Ehen möglicherweise noch labiler und die Scheidungsraten schießen noch weiter in die Höhe (Textor 2009).

Meine Prognose ist im Endeffekt also, dass Partnerschaften immer instabiler werden und viele Paare durch die wirtschaftliche Lage und die Emanzipation weniger oder gar keine Kinder mehr bekommen werden. Es wird also immer schwieriger werden, eine harmonische Partnerschaft zu führen.

Im Gegensatz zu früher, als zwei Partner fest aneinander gebunden und abhängig voneinander waren, beginnt nun die Zeit der Autonomie und der Unabhängigkeit.

Quellenangaben

Statistisches Bundesamt Deutschland (www.destatis.de) – Datenreport 2008

Textor, Martin R. Das Familienhandbuch des Staatsinstituts für Frühpädagogik
(www.familienhandbuch.de/cmain/f_Fachbeitrag/a_Familienforschung/s_3023.html)

Beck, Ulrich/ Beck-Gernsheim, Elisabeth (1990). Das ganz normale Chaos der Liebe.
Frankfurt am Main

Heiderich, Rolf/ Rohr, Gerhart (1999). Wertewandel – Aufbruch ins Chaos oder neue
Wege? München

Huinink, Johannes/ Schröder, Torsten (2008) Sozialstruktur Deutschlands.

Delis, Dean C./ Phillips, Cassandra (2009) Ich lieb' dich nicht, wenn du mich liebst.
Berlin

Inglehart, Ronald (1998). Verlaufsbahnen sozialen Wandels. In Inglehart, Ronald:
Modernisierung und Postmodernisierung. Kultureller, wirtschaftlicher und politischer
Wandel
in 43 Gesellschaften. Campus: Frankfurt/ New York. S. 448-472.